BOEREN WIJSHEID

Bij uitgeverij Verba verschenen reeds:

Oosterse wijsheden
Chinese wijsheid
Boerenwijsheid
Liefdeswijsheden
Bijbelse wijsheid
Joodse wijsheden
Boeddhistische wijsheden
Brabantse wijsheden
Friese wijsheden
Russische wijsheden
Wijsheden over het weer
Nederlandse wijsheden
Zen wijsheden

Nieuwe uitgaven in voorbereiding.

BOEREN WIJSHEID

verzameld door:
Ingrid Stork

met knipsels van:
Greetje Beekman

Uitgeverij Verba

Voor mijn vader Peter Hendrik

Copyright voor deze uitgave:Verba b.v.,
Hoevelaken, 1993
Distributie: RuitenbergBoek, Soest
NUGI 612
ISBN 90 72540 91 3

Het boek der natuur
belooft ieder jaar
een nieuwe oplaag.
Hans Christiaan Andersen

Wie een boer wil bedriegen,
moet een boer meebrengen.

Hij staat op zijn woord als een
boer op zijn klompen.

Men kan van een kromme
zwijnssteert geen rechte pijl maken.
Guido Gezelle

De magerste varkens schreeuwen
het hardst.

Wie zich door de zemelen laat
mengen, wordt door de varkens
gevreten.

Als de koe geen melk meer geeft,
dan raakt zij aan de slager.

Men kan van een os niet meer
snijden dan een goed stuk vlees.

Als men de koe verkoopt,
raakt men ook de uier kwijt.

Wie kan ook alles onthouden, zei de boerin, en zij ging uit melken terwijl zij haar emmers vergeten had.

't Is voor de verandering, zei de boer, en hij at sla met een hooivork.

Dit is een ander soort gras, zei de boer, en hij bracht distels naar de markt.

Wat ik aan 't koren verlies, zal ik winnen aan 't spek, zei de boer, en hij liet zijn varkens in de rogge lopen.

Bloeien de bomen
tweemaal op een rij,
zal de winter zich rekken tot mei.

Houden de bomen
hun bladeren lang,
wees voor een lange winter bang.

Is er wind in de kerstdagen,
dan zullen de bomen veel vruchten
dragen.

Valt in april veel nat,
dan zwemmen de druiven
tot in 't vat.

Bloeit de stok in volle klaarheid,
dat is goede wijn in waarheid.

Doet juli en august de druiven
niet zwellen,
september zal nimmer hun smaak
vertellen.

Avonddauw en zon in mei,
hooi met karren op de wei.

Stro en geen hooi van het land,
dan ligt de schade voor de hand.

Als 't niet op mijn hooi weert,
dan weert het op mijn moesplanten.

Het meeste onkruid draagt de
vetste bodem.
William Shakespeare

Zijn de wespen niet in rust,
dan is er stormweer op de kust.

Als de donderbeestjes ons komen
plagen,
volgt er zeker regen en onweer.

Als de bijen naar huis toe
vluchten,
zit er regen aan de luchten.

Maartse sneeuw is beer op het
vlasland.

Droogte en stof in maart
is de boer heel wat waard.

Brengt maart storm en wind,
de sikkel is de boer goed gezind.

De mooiste appels hangen het
hoogst.
Schots gezegde

Schijnt op Aswoensdag de zon,
dan wordt het een goed appeljaar.

Geeft Lichtmis klaverblad,
Pasen dekt met sneeuw het pad.

Is de Lichtmis hel en klaar,
dat geeft heel mooi vlas van 't jaar.
Is de sprokkel lief en zacht,
dat geeft vorst bij lentenacht.

Onweer in mei maakt de boeren
blij.

Het onweer in de schone mei
doet 't koren bloeien op de hei.

Is het weer in mei zeer mooi,
dan ziet de schuur maar weinig
hooi.

In mei warme regen betekent
boerenzegen.

De wereld is een hooiberg: elk plukt ervan wat hij kan krijgen.

Als het hooi vanzelf naar de wagen gaat, zijn de vorken goedkoop.

Waar vind je een molenaar die
nooit een graantje stal?

Goed meel van slecht koren
maken.

Gedijt het koorn in het zand,
dan is er duurte in het land.

Bij gebrek aan tarwe nestelt de
leeuwerik in de haver.

Pluk de bloemen, maar spaar de knoppen.

Wie doornen plant, mag niet verwachten rozen te plukken.

Een plant die vaak verplaatst wordt, kan niet gedijen.

De hondsdagen helder en klaar
betekenen een heel goed jaar.

In de hooimaand moet gebracht,
wat in september moet geladen.

Men moet de schapen scheren
naar dat ze wol hebben.

Droge maart en natte april maakt
de landman blij.
Vlaams gezegde

Droge maart, natte april,
koele mei,
zet zuivel en boter en hooi ons bij.

April koud en mei warm,
geen boer wordt er arm.

Regen in april en wind in mei
maakt de boerkens blij.

Zwiert hier en daar in mei een bij,
dat maakt de landman het harte blij.

Wanneer een boom ter aarde zijgt,
maakt ieder dat hij takken krijgt.

Een palmboom die in de schaduw
staat, geeft geen rijpe vrucht.
Afghaans gezegde

Een goede boom brengt goede
vruchten voort.
Matteüs 7:17

Zoals de boom valt, blijft hij
liggen.

Als er geen wind was, zouden
dorre takken niet gesnoeid worden.

Trap het koren niet plat om een
klaproos te plukken.

E. Laurillaard

Waar God het meel geeft,
houdt de duivel de zak op.

Veel graantjes maken een brood.
Vlaams gezegde

Om één mud koren te malen,
moet men geen molen bouwen.

Sint Paulus schoon en klaar
brengt een gezegend korenjaar.
Komt er sneeuw of regen,
dan komt een mager jaar ons tegen.

Wil september de boer blij
maken,
dan moet hij net als maart zijn.
Duits gezegde

Regen in februari is mest op de akker.

Februari nat vult schuur en korenvat.

Als in februari de hagen likken, zullen de hooiwagens kwikken.

Septemberregen op het zaad
komt het boerke wel te staad.
Vlaams gezegde

Septemberregen komt boer en
wijnboer gelegen.
Duits gezegde

Een oud' man en een oud paard
zijn niet veel meer waard.
Maar een oud wijf en een oude koe,
die deugen nergens meer toe!

Januari zonder sneeuw,
maar met veel regen,
brengt de boer geen zegen.

Dansen de muggen in januaar,
dan wordt de boer een bedelaar.

Januari zacht, lente en zomer
vruchtbaar wacht.

Vroeg gras, geen gras,
laat gras, genoeg gras.

Een hommel in januari brengt een
goed wijnjaar.

Regenboog in vroege morgen
baart de wakkere boer veel zorgen.
Regenboog 's namiddags laat,
blijde hij ter ruste gaat.

Een boog aan de morgen
baart de landman zorgen.
Ziet hij de boog tegen de nacht,
hij schoon weer verwacht.

Een bijenzwerm in mei,
goed teken voor de wei.

Is het koel maar niet te nat in mei,
dan is het hooiboerke blij.

Maartse wind en aprilse regen
beloven voor mei gouden zegen.

Het gezin van de boer
verlangt dat mei zich roer'.

April moet mei de aren leveren.

April maakt de bloem, mei geeft
ze haar kleurenpracht.
Duits gezegde

Die in de wijngaard werkt
mag van de vruchten eten.
Guido Gezelle

Is het warm en voorspoedig weer,
brengt augustus d'eerste peer.

Aan een boom, zo vol geladen,
mist men vijf, zes pruimpjes niet.

Die distels zaait,
die doornen maait.
Vlaams gezegde

Elzehout vroeg in de knop,
een strenge winter wacht ons op.

Zijn de bomen om Kerstmis wit
van sneeuw,
ze zijn in de lente wit van bloesem.

Boombloesems die in de herfst
komen,
hebben de komende zomer de
vrucht ontnomen.
Duits gezegde

Twaalf boeren en een hond
vormen dertien rekels.

De druiven die men vóór de tijd
plukt, geven niet eens goede azijn.
Talmoed

De wijnstok brengt meer druiven
voort wanneer hij jong is,
maar betere wanneer hij oud is.
Francis Bacon

Eén schurftig schaap bederft de
ganse kudde.

De een scheert de verkens,
de ander de schapen.
Vlaams gezegde

Danst het lammetje in maart,
april vat het bij de staart.

Als vinken helder slaan,
is 't mooie weer snel gedaan.

Een vaak herhaalde kwartelslag
voorspelt de boer een droge dag.

Geeft januari sneeuw en vorst,
vaak de boer veel granen dorst.

Vriezende januari, natte februari,
droge maart, regen in april
is de boeren hunnen wil.

Als augustus zonder regen
henen gaat,
de koe maar mager
voor de kribbe staat.

Hoort ge in juni de donder
kraken,
dan maakt de boer vast goede
zaken.
Vlaams gezegde

Is 't in juni nat en koud,
dat 's niet goed voor veld noch
woud.
Juni droger nog dan nat,
vult met goede wijn het vat.

Kraaien vlak bij schuur en huis,
de winter voelt zich thuis.

Vliegt de vleermuis 's avonds
rond,
dat brengt mooi weer in de
morgenstond.

De schoonste bomen geven de
schoonste vruchten niet.

Een zilv'ren maan maakt schoon;
rood, schudt zij plant en bomen,
maar ziet ze er droevig uit,
dan zal er regen komen.

Op Driekoningen lengt de dag,
zoveel een geitje springen mag.

Na Driekoningen wordt elke dag
de stap van de haan langer.
Duits gezegde

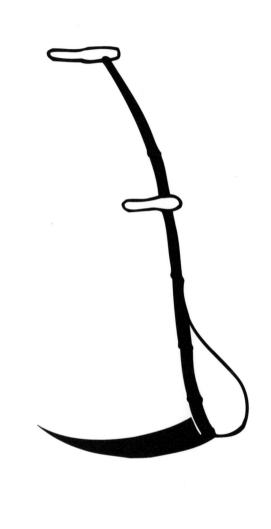

Maartgras komt niet licht onder de zeis.

De velden geschoren,
de winter geboren.

Zo hoog de sneeuw,
zo hoog het gras.

Daar 't stil is, is 't goed haver
zaaien.

Tijdgenoeg liet zijn koren op het
veld en pikte zijn boekweit eerst.

Als de gerst zich strijkt,
de boer zich verrijkt.

In de louwmaand mag het vriezen
stenen uit de grond.
De boer en zal niet kniezen,
maar vindt het heel gezond.

Schaarse lentebloei, honger voor de koei.

Sneeuw in maart
voor vrucht en druiven nadeel
baart.

Warme zonneschijn met regen
spreidt op alle vruchten zegen.

Kippen die het meeste kakelen,
leggen niet de meeste eieren.

Een kleine kip legt elke dag,
een struisvogel eens per jaar.

Boeren en varkens
worden knorrende vet.

Als een boer
ophoudt met klagen,
is 't in het laatst der dagen.

Procedeer om een koe,
ge legt er een paard op toe.

Met de maand van mei
blijft geen koebeest uit de wei.

Maart, houdt de ploeg bij de
staart.
April, houdt dien stil.
Maart drijft het lammetje buiten,
april laat weer in stal hem sluiten.

April veranderlijk en guur
brengt hooi en koren in de schuur.

Blaast april op z'n hoorn,
is dat goed voor gras en koorn.

Eén rotte appel in de mande
maakt al het gave fruit te schande.
Vlaams gezegde

Houden de bomen hun blaren
lang,
wees voor een strenge winter bang.

Als met Lichtmis de zon door de
boomgaard schijnt,
zal het een goed appeljaar zijn.

Als de Lichtmiskeersen door de
sneeuw gaan,
gaan de koeikens vroeg naar de wei.
Vlaams gezegde

Lichtmis klaar en hel,
zo is de boer een arme gezel.
Lichtmis duister en donker,
zo is de boer een jonker.

Als het in maart fel waait, zal er
veel fruit zijn.

Maart met een lange staart
brengt later spek en pens aan de
haard.

Niet te koel en niet te nat
dat vult 's landmans schuur en vat;
maar mei koel en juni nat
dat vermeerdert oogst en schat.

Als op het eind van mei d'eikels
bloeien,
zal daar een vet boerenjaar uit
groeien.

Volle maan met Kerstmis,
volle schuur met augustus.

Is de kerstdag vochtig en nat,
ton en schure niets bevat.

Veel wind in de kerstdagen,
de bomen manden vruchten
dragen.

Tonen de bladeren hun onderkant,
dan betekent dat zeker regen.

Weinig sneeuw, veel regenweer,
doet de akkers en velden zeer.

Brengt december kou en sneeuw
in 't land,
dan groeit er koren zelfs op 't zand.

Veel sneeuw op oudjaar,
veel hooi in 't nieuwe jaar.

Als het regent in de winter,
is het goed planten in de zomer.

Is de zomeravond mistig,
dan is het weer met gaven kwistig.

Is de eerste oogstweek heet,
een lange winter staat gereed.

Als de eerste peer komt te Sint
Margriet,
dan men overal de oogst beginnen
ziet.

Als Sint Andries onder sneeuw
moet bukken,
zal ook dat jaar geen koren lukken.

Vertoont november zich met snee,
't zal vruchtbaar zijn, ook voor
't vee.

Blijven de zwaluwen lang,
wees voor de winter niet bang.

Op Goede Vrijdag regen,
brengt de boer geen zegen.

Sneeuwt het op Palmzondag op de
palmen,
dan sneeuwt het later op de
schoven.
Oostenrijks gezegde

Als in maart de muggen dansen,
sterven de schapen.

Een koekoeksroep ter helft van
maart,
is voor de boer een daalder waard.

Elk wiede zijn hof,
en ik het mijne.
Zo zal het onkruid
haast verdwijnen.

Een veel te vroege lente,
geeft brood zonder krenten.

Gaan de mieren al aan het garen
in de tweede maand van het jare,
zeker moogt ge vast verwachten
late vorst en koude nachten.

Kikvorsgekwaak, regen in de
maak.

Als slakken en padden gaan
kruipen,
zal 't zeker spoedig druipen.

Draagt de haas nog z'n
zomerkleed,
dan is de winter nog niet gereed.

Er zal zeker veel wind komen als de schapen rondspringen en stoeien.

Veel wind in maart geeft appels in
de gaard.

Maartse wind, aprilse regen,
dat is mei ten zegen.
Een droge maart, een natte april,
dan heeft de boer zijn wil.

Als de linde bloeit met Sint Jan,
   is er koren met Sint Jacob.

Juniregen is Gods zegen,
   komt zonneschijn daarbij,
dan maakt hij boer en stadslui blij.

Boer worden is niet moeilijk,
boer blijven is een eer.

Wat een boer niet kent,
dat eet hij niet.

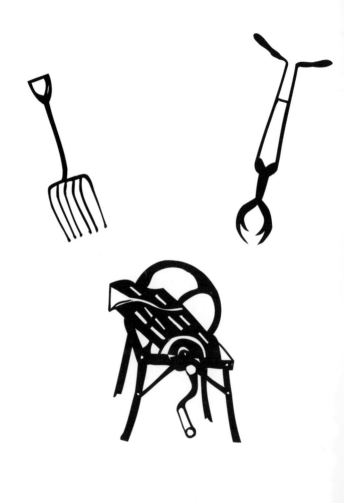

Goed gerief is de helft van het werk.

Lichtmis klaar
geeft een vruchtbaar roggejaar.

Op Lichtmis ziet de boer liever
een wolf in z'n stal dan de zon.

Zolang de leeuwerik voor
Lichtmis zingt,
zolang na Lichtmis zijn lied niet
klinkt.

Vochtige maart de boeren smarten
baart.

Een groene maart maakt geen
boer blij.
Duits gezegde

Maart zonder bloemen, zomer
zonder dauwe,
brengen ons op 't einde in 't nauwe.

Sneeuw veel en lang,
en maakt de klaver niet bang.

Is mei nat, een droge juni volgt
haar pad.

De eerste juni kil en wak,
brengt veel koren in de zak.

Wisselen in juli regen en
zonneschijn,
't zal voor de boeren naaste winter
kermis zijn.

Als juli de aren wast,
blijft hem het meel aan de vingers
plakken.
Duits gezegde

Zo het in september dondert,
leveren de granen wel honderd.

Trekvogels in septembernacht,
zij maken de kersttijd zacht.

Het kleed maakt de boer gezien.

Regen op Maria Hemelvaart,
weinig wijn en slecht van aard.

Trekken op Maria Geboorte de
zwaluwen nog niet weg,
dan willen ze zien hoe de bloemen
in de wijnmaand staan.
Oostenrijks gezegde

Is vijftien augustus goed en klaar,
   wordt het een goed bijenjaar.

Geeft augustus zonneschijn,
zeker krijgen wij goede wijn.

Is augustus echt helder en heet,
dan lacht de boer in het volle
              zweet.
          Duits gezegde

Is juni koud en nat, de boer zijn
zak is plat.

In juni veel regen komt wijngaard
en bijen ongelegen.

Kerstmis winderig, Lichtmis stil,
een massa hooi beloven wil.

Sneeuw in de kerstnacht geeft een
goede hopoogst.

In december sneeuw met kou,
dat geeft koren voor de bouw.

December koud en wel
besneeuwd,
zo maakt maar grote schuren
gereed.

Graaft de mier een diepe gang,
wordt de winter streng en lang.
Maar nog erger zal het ons
berouwen,
als de mieren hoge nesten bouwen.

Oktobertooi met groene blaân
geeft vaak een strenge winter aan.

Als oktober niet helpt,
is de wijnboer niet te helpen.
Duits gezegde

Als de boeren niet meer klagen
en de kerken niet meer vragen,
dan zijn we in het laatst der dagen.

Wie z'n schaap scheert voor
Sint Servaas,
houdt meer van wol dan van het
schaap.

Is het bos met Sint Valentijn in het
wit gehuld,
dan zijn weiden en akkers van
vreugde vervuld.

Blaast juni uit de noorderkant,
verwacht veel koren dan op 't land.

Noordenwind in juni doet
wijn en koren even goed.

Als het op Sint Godelieve regent,
de Heer de groentetuinen zegent.